Controverses
de la science
moderne

La nourriture

Questions d'éthique
sur l'alimentation

JIM KERR

Table des matières

Introduction

L'homme repousse sans cesse les limites de la science et de la technologie. Il accède à l'information en pressant un bouton. Il peut modifier génétiquement les aliments pour accélérer leur croissance et en améliorer le goût. Il a conçu des médicaments qui guérissent des maladies jadis mortelles. Tous ces progrès suscitent cependant de nombreuses controverses dans le domaine des sciences, de la technologie et de la médecine. Nous pouvons faire bien des choses, mais devons-nous les faire ?

Ces questions d'éthique, concernant les hommes, les animaux et l'environnement, préoccupent aussi bien les gouvernements et les groupes de pression que les individus. Il importe donc que chacun en comprenne la nature et réfléchisse aux solutions possibles. Nos choix alimentaires ne sont pas seulement le résultat de nos goûts. La disponibilité des aliments, leur effet sur notre santé, leurs modes de production ou nos croyances religieuses influencent aussi notre régime.

En utilisant des carburants fossiles, l'agriculture contribue au changement du climat. C'est pourquoi ses méthodes de production sont aujourd'hui remises en question.

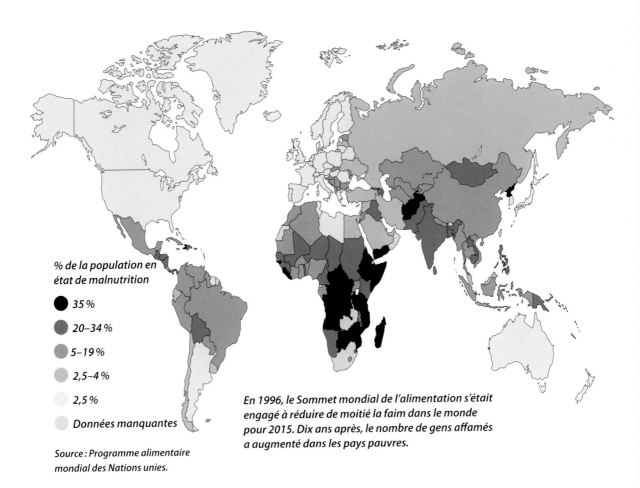

% de la population en état de malnutrition

● 35 %

● 20–34 %

● 5–19 %

● 2,5–4 %

○ 2,5 %

◌ Données manquantes

En 1996, le Sommet mondial de l'alimentation s'était engagé à réduire de moitié la faim dans le monde pour 2015. Dix ans après, le nombre de gens affamés a augmenté dans les pays pauvres.

Source : Programme alimentaire mondial des Nations unies.

Producteurs et consommateurs

L'industrie agroalimentaire est la plus importante du monde. Composée des entreprises agricoles, des constructeurs de machines, des producteurs de graines ou d'engrais chimiques, ainsi que des usines de traitement des aliments, elle détient le pouvoir de décider de ce que nous mangeons.

Les gouvernements influencent aussi les types d'aliments produits, leurs modes de production et leur répartition. Au niveau mondial, les environnementalistes, les partisans d'une nourriture saine et les groupes de pression pour une justice sociale ont certaines idées sur la nourriture. Aux niveaux national et local, les petits agriculteurs indépendants et les consommateurs informés soulèvent plusieurs questions d'éthique sur le sujet. Nous avons tous le droit et le devoir de comprendre les points de vue de ces différents groupes avant de nous forger notre propre opinion.

Ceux-là qui sont affamés

L'Organisation des Nations unies pour l'alimentation et l'agriculture (FAO) estime que 820 millions de personnes n'ont pas assez à manger dans les pays en développement. La population mondiale, aujourd'hui de 6,5 milliards de personnes, avoisinera les 9 milliards en 2050.

S'attaquer au problème de la faim dans le monde et produire assez pour nourrir encore plus de gens dans l'avenir constituent deux des plus importants défis à relever.

D'où provient la nourriture ?

L'agriculture traditionnelle

Au XIXᵉ siècle, la plupart des fermiers cultivaient différentes plantes et élevaient du bétail. Semailles, sarclage et récoltes étaient faits à la main. Bœufs et chevaux tiraient les charrues. La richesse du sol était maintenue grâce à la rotation des cultures et à l'utilisation d'engrais naturels. Les fermiers produisaient assez de nourriture pour subvenir aux besoins de leur famille, avec parfois un léger surplus qui pouvait être vendu au marché local.

Dans certaines parties du monde, l'agriculture n'a guère évolué. Dans les pays en développement, bien des familles maintiennent une agriculture de subsistance, travaillant le sol manuellement pour produire fruits et légumes en quantité suffisante. Un peu de bétail fournit la viande et le lait.

Dans des pays en voie de développement comme le Nigéria, l'agriculture se fait toujours à la main et le fermier produit juste assez pour nourrir sa famille.

Les ranchs sont de grandes fermes possédant des prairies en plein air pour le bétail. Aux États-Unis, ils couvrent des milliers d'hectares, avec des gardiens de troupeaux se déplaçant à cheval ou à moto.

Le développement de l'agriculture

Les zones sèches d'Afrique et du Moyen-Orient fournissent moins de terres agricoles que les régions d'Europe, d'Amérique du Nord et d'Asie où le climat est plus doux et le sol plus riche. C'est dans ces régions que les changements dans la production agricole sont les plus marqués. Les progrès de la science, de la technologie et de l'industrie appliqués à l'agriculture ont en effet permis de cultiver de plus vastes surfaces.

Certaines fermes pratiquent l'agriculture intensive à grande échelle. Souvent, elles cultivent une seule espèce et vendent la récolte entière. Il s'agit de grosses entreprises produisant énormément et enrichissant leurs propriétaires.

Abondance et famine

Une agriculture à grande échelle qui utilise les dernières technologies favorise l'abondance des récoltes. Des machines perfectionnées demandent moins de travail et réduisent les coûts de production. L'industrie agroalimentaire assure qu'une agriculture de grande envergure permet de produire davantage, à meilleur marché. Mais pendant que les pays riches produisent des surplus de nourriture, la faim et la famine règnent dans d'autres parties du monde.

C'est sans doute le plus gros problème d'éthique posé par la production de nourriture. Devons-nous laisser les grandes entreprises continuer à produire assez pour nourrir toute la planète ? Ou pouvons-nous utiliser les nouvelles technologies pour améliorer les conditions agricoles dans les pays en voie de développement, irriguer les régions sèches et fertiliser les sols pauvres ?

« *Une agriculture à haut rendement est le seul moyen de ménager la nature, à moins de vouloir détruire trois milliards d'êtres humains.* **»**

Dennis T. Avery
Directeur du Center for Global Food Issues, É.-U.

De nos jours, l'agriculture est une science dont l'un des buts est d'améliorer le rendement des plantes, leur résistance aux maladies et leur saveur.

La technologie et la terre

La mécanisation de l'agriculture amorcée au XIXe siècle et les progrès technologiques ultérieurs ont accru l'efficacité des méthodes de culture, menant à la « révolution verte » au milieu du XXe siècle. Les scientifiques ont découvert des produits chimiques contre les animaux nuisibles ou pour fertiliser les sols, et ont créé de nouvelles variétés de riz, de blé et de maïs. Traitées avec les produits chimiques les plus récents, celles-ci offrent un bien meilleur rendement. La révolution verte a doublé la production de denrées agricoles entre 1950 et 1980.

Aujourd'hui, l'agroalimentaire utilise une technologie de pointe pour gérer les grandes fermes. Les enregistrements numériques fournissent des données qui orientent le choix des engrais ou de l'alimentation animale. Des bulletins météorologiques précis sont utilisés pour des plans à long terme. La technologie a permis aux fermiers de satisfaire la demande d'une population en constante augmentation.

À VOUS DE DÉCIDER

Le développement des nouvelles technologies réduit les besoins en main-d'œuvre.

? *Quelles répercussions cela a-t-il sur les gens qui vivent de l'agriculture ?*

? *Le bénéfice d'une production accrue contrebalance-t-il le problème du chômage ?*

Les problèmes de l'agriculture technologique

L'agriculture intensive repose sur une importante mécanisation, nécessitant de grandes quantités de carburants fossiles. Mais les réserves de ces derniers ne sont pas inépuisables. De plus, leur utilisation contribue au changement du climat. Des groupes écologistes comme Greenpeace pensent qu'on devrait y songer quand on envisage l'agriculture intensive sur le long terme.

Par ailleurs, les semences, les engrais, les produits chimiques et la machinerie de pointe ne sont accessibles qu'aux plus riches fermiers. Grâce à la technologie, les agriculteurs ont besoin de moins d'employés, ce qui cause du chômage. De ce point de vue, la révolution verte a augmenté l'écart entre riches et pauvres dans les zones rurales.

Les petites exploitations

La technologie moderne et les méthodes de haut rendement ne sont pas utilisées par tous les fermiers des pays développés. Certains pratiquent encore l'agriculture traditionnelle, diversifiant leurs cultures, élevant du bétail et vendant leurs surplus. Ces petites exploitations encouragent la biodiversité en zone rurale. Des champs de petite taille sont délimités par des haies fruitières et la variété des cultures favorise la croissance des plantes et des animaux dans leur milieu naturel.

Mais le rendement de ces fermes demeure modeste et leurs propriétaires ne peuvent offrir des prix compétitifs sur le marché. Une importante production à bas prix d'une seule variété compense-t-elle un environnement uniforme qui réduit l'espace pour la vie sauvage ?

L'agriculture traditionnelle préserve l'environnement, car elle se pratique à petite échelle. Des exploitations de taille réduite consomment moins d'énergie fossile et encouragent la biodiversité.

La nourriture dans la nature

Dès la préhistoire, l'homme a chassé les animaux sauvages et récolté les plantes dans la nature. Mais le développement de l'agriculture et de l'élevage a fourni une nourriture de remplacement. De nos jours, les poissons consommés dans les pays développés sont capturés par les filets de gigantesques bateaux-usines. Mais certaines populations pratiquent encore la chasse et la cueillette. Ces activités soulèvent plusieurs dilemmes, et notamment un vif débat concernant la permission ou l'interdiction de la chasse et de la pêche.

Les gouvernements et les organismes environnementaux (ou : les agences environnementales) réglementent la pêche en eau douce pour protéger les réserves de poisson sauvage.

La chasse et la pêche

Dans les régions arctiques, les Inuits chassent les animaux pour se nourrir et se vêtir. Les défenseurs des droits des animaux, comme le PETA (Pour un traitement éthique des animaux), jugent immoral de traiter les animaux comme une ressource pour la nourriture et les vêtements. Les Inuits répondent que cela fait partie de leur culture depuis des siècles.

Les consommateurs achètent surtout du poisson pêché dans les océans, ce qui a entraîné un phénomène de surpêche. Certains experts considèrent que de nombreuses espèces disparaîtront des fonds sous-marins d'ici 50 ans, si la pêche n'est pas soigneusement contrôlée.

On peut maintenant élever en captivité les espèces de poisson les plus demandées, comme le saumon. Mais cela pose le problème de la pollution engendrée par les produits chimiques utilisés. De plus, quelques études concluent que les poissons d'élevage sont moins bons pour la santé.

DISPARITION D'ESPÈCES MARINES AU NIVEAU PLANÉTAIRE

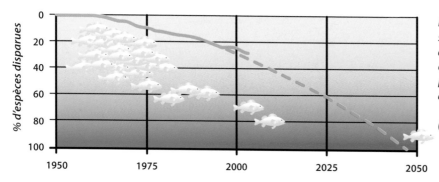

Les experts croient que sans l'imposition de quotas limitatifs, des espèces couramment pêchées aujourd'hui auront disparu d'ici 2050.

(Source : FAO)

Sauvegarde de la baleine

À la fin du XIXe siècle, la chasse à la baleine a atteint une telle ampleur que de nombreuses espèces ont été menacées de disparition. Pour les protéger, on a mis en place des conventions internationales. Au milieu des années 80, plusieurs pays ont limité la pêche à la baleine à la recherche scientifique, mais la Norvège et le Japon refusent une telle restriction.

Selon les opposants à la pêche, les espèces en danger de disparition doivent être protégées au lieu d'être décimées par des méthodes de chasse cruelles et inhumaines. Les partisans de la chasse à la baleine, tel le Japon, avancent que les baleines ne peuvent être élevées en captivité comme du poisson, mais ils s'engagent à chercher d'autres moyens de les tuer. Certains pays, apparemment opposés à la pêche, permettent cependant d'autres formes de chasse. Cette incohérence illustre-t-elle une incapacité à reconnaître et respecter différentes traditions ?

À VOUS DE DÉCIDER

À cause de la chasse, de nombreuses espèces animales risquent de disparaître.

? A-t-on le droit d'interdire la chasse alors que certaines cultures la pratiquent depuis des siècles ?

? La tradition justifie-t-elle qu'on continue à chasser des animaux pour se nourir ?

? Quels besoins priment : ceux des hommes ou ceux des animaux ?

Bien des gens condamnent la chasse à la baleine et jugent que les méthodes employées sont cruelles. Ce baleinier japonais a dû s'y prendre à trois reprises pour tuer cette baleine.

2 Le bien-être des animaux et l'environnement

Le bien-être des animaux et les effets de certaines méthodes agricoles sur l'environnement sont des sujets très controversés dans le domaine agroalimentaire. Les activistes défendant les droits des animaux et les groupes environnementalistes manifestent contre l'introduction de techniques qu'ils estiment cruelles ou nuisibles. Ils réclament des méthodes plus humaines et plus durables pour la production de la nourriture.

L'élevage

Le développement des engrais artificiels a favorisé les cultures intensives de légumes, fruits et céréales. De même, les nouvelles méthodes pour réduire les maladies ont permis l'élevage à grande échelle. Le bétail, élevé à l'intérieur, est protégé contre les risques naturels. Comme pour l'agriculture intensive, l'élevage artificiel intensif assure un meilleur rendement.

Ce veau reçoit une piqûre d'antibiotiques. Le développement de la médecine préventive favorise l'élevage intensif, puisqu'on peut enfermer les animaux sans crainte des épidémies.

Les avantages de l'élevage intensif

Dans les pays développés, la plupart de la viande, des produits laitiers, des œufs, des fruits et des légumes vendus au supermarché sont issus de l'agriculture intensive. Les entreprises géantes de l'agroalimentaire disent que l'élevage à grande échelle diminue les coûts de production. Ces économies profitent au consommateur, à qui on propose une nourriture meilleur marché.

Les entreprises affirment que l'élevage artificiel intensif est sain et efficace. Le bétail enfermé est plus facile à surveiller et les maladies éventuelles sont soignées plus rapidement. L'élevage intensif est aussi justifié par le fait qu'une production plus efficace de viande, de lait ou d'œufs nécessite moins d'animaux. Ce qui limite ses effets négatifs sur l'environnement.

Dans l'élevage en batterie, les poules pondeuses sont gardées dans des cages exiguës.

À VOUS DE DÉCIDER

Beaucoup jugent l'élevage intensif inutile et cruel, mais il y a des arguments en sa faveur.

? *L'élevage intensif devient-il plus acceptable si on considère qu'il diminue le prix de la viande et la rend accessible aux pauvres ?*

? *Les méthodes d'élevage traditionnelles sont tout aussi cruelles envers les animaux. Serions-nous en train de devenir plus sensibles ?*

Les désavantages de l'élevage intensif

Les opposants allèguent que l'élevage intensif nuit à l'environnement. La concentration de grandes quantités de déchets animaux augmente le risque de pollution, surtout en ce qui a trait aux réserves d'eau douce. Ces dernières se trouvent également réduites, à cause des besoins des animaux. Mais l'objection la plus fréquente concerne la façon dont les animaux sont traités.

La cruauté en question

Les détracteurs de l'élevage intensif soutiennent qu'élever des animaux dans un espace restreint est cruel. Des groupes comme le PETA s'appuient sur des études avançant que les animaux élevés en milieu clos présentent des problèmes de santé et ont des conduites répétitives ou autodestructrices plus fréquentes. En publiant ces études, les groupes activistes ont sensibilisé les gens aux conditions de vie des animaux en batterie, et beaucoup adhèrent maintenant aux campagnes contre ce type d'élevage.

« *Les animaux élevés en batterie gagnent du poids, pondent des œufs et produisent du lait non parce qu'ils sont bien soignés, mais à cause des médicaments, des hormones et des manipulations génétiques.* »

PETA

Le PETA a rendu publics les aspects les plus controversés de l'élevage intensif. (Manifestation à New Delhi, Inde, 2006)

16

Pour lutter contre l'élevage intensif, certains consommateurs sont prêts à manger moins de viande et à payer plus cher des produits fermiers biologiques.

Question de santé

Par ailleurs, les opposants à l'élevage intensif pensent que, malgré l'emploi d'antibiotiques, les maladies se répandent plus vite quand les animaux sont confinés en grand nombre. Le bétail élevé ainsi sert d'hôte à la bactérie E. coli – du fait qu'il est exposé à son propre fumier. Cela dit, dans la nature, E. coli infeste la plupart des mammifères, y compris l'homme, et toutes sortes de maladies atteignent les animaux.

Les producteurs assurent qu'en continuant à utiliser des produits animaux issus de l'élevage intensif, ils ne font que répondre à la demande du marché en fournissant viande et volaille à bas prix. Beaucoup de consommateurs ne se sentent pas concernés par les conditions de vie des animaux dans ces élevages. Ils se fient aux gouvernements pour élaborer des normes en matière de santé et de sécurité. Ils pensent aussi qu'une cuisson correcte tue la bactérie et élimine le risque de maladie. Néanmoins, le secteur de la vente au détail a été affecté, car certains clients ont réclamé des poulets fermiers, nourris au grain. La plupart des supermarchés offrent le choix, puisque ces acheteurs sont prêts à payer plus pour ces produits-là.

ESB

En 1986, l'encéphalopathie spongiforme bovine (ESB) ou «maladie de la vache folle» se déclara brutalement au Royaume-Uni. En nourrissant le bétail de sous-produits animaux, comme des os de moutons, on avait réussi à réduire le coût de l'élevage intensif, mais on contamina aussi 178 000 animaux. On pense que la viande de bovins infectés entraîne chez l'homme la maladie de Creutzfeldt-Jakob, qui lui est fatale. En 2003, les premiers cas d'ESB surgirent aux États-Unis, et même si l'épidémie a été rapidement endiguée, le pays souffre encore de l'embargo placé sur les exportations à l'époque.

Protégé par une combinaison, ce fermier du Mississipi pulvérise des insecticides sur ses cultures.

LES HERBICIDES

C'est une solution à court terme pour se débarrasser des mauvaises herbes. L'utilisation répétée d'herbicides – au lieu de labourer le sol pour enterrer les mauvaises herbes – perturbe les micro-organismes qui vivent dans la terre et qui transforment les résidus végétaux en nutriments dans le sol. En bouleversant ce processus, on rend le sol moins fertile à la longue.

Problèmes environnementaux

L'impact environnemental des méthodes modernes d'agriculture pose un autre problème éthique. Selon les écologistes, le plus inquiétant n'est pas la diminution des ressources en énergie fossile – qu'on saura un jour remplacer –, mais l'utilisation massive de produits chimiques dans l'agriculture intensive.

Érosion des sols et santé publique

Dans l'agriculture intensive, on a recours aux engrais artificiels et aux produits chimiques (insecticides, pesticides) pour détruire les mauvaises herbes, les champignons et les animaux qui nuisent aux récoltes. Les animaux d'élevage, eux, absorbent des hormones de croissance.

Des groupes environnementaux comme les Amis de la Terre pensent que les produits chimiques polluent les ressources naturelles, surtout le sol. Les fertilisants artificiels abîment la structure du sol, qui devient beaucoup plus vite sujet à l'érosion.

L'usage des pesticides est très controversé. On a découvert après coup la nocivité des premiers pesticides utilisés. Le DDT (dichloro-diphényl-trichloroéthane), le plus mortel d'entre eux, bien qu'interdit dans plusieurs pays, est encore employé par d'autres, à cause de son coût peu élevé.

Les partisans de l'agroalimentaire affirment que les quantités de pesticides trouvées dans les denrées alimentaires sont inoffensives, mais certains groupes de consommateurs, les fermiers bios et les activistes de la santé pensent qu'il est difficile de prévoir l'effet à long terme du mélange de différents pesticides.

Pollution aquatique et déchets

Employés de façon massive, les nitrates contenus dans les engrais chimiques sont emportés des champs vers les rivières, rendant l'eau dangereuse pour la consommation. Sous prétexte que la science moderne permet d'accroître les récoltes, doit-on risquer d'empoisonner les rivières ?

En utilisant de grandes quantités de produits chimiques et de carburant, l'agriculture intensive génère de nombreux déchets, mais les gens de l'agroalimentaire soutiennent que les plaintes des groupes environnementaux sont exagérées ou injustifiées. Comme pour tout ce qui concerne ce que nous mangeons, la question est complexe.

Les engrais dissous dans les eaux de surface favorisent la croissance accélérée des algues, selon un processus appelé eutrophisation. Les plantes subaquatiques s'étiolent par manque de lumière et l'eau est polluée.

3 De nouveaux aliments

La biotechnologie est un ensemble de techniques basées sur l'étude des choses vivantes et surtout employées dans les domaines agricole, alimentaire et médical. Elle servit d'abord à fabriquer des produits naturels à l'aide de micro-organismes. Par exemple, on créa de la bière en combinant du malt et des levures et on obtint du fromage en faisant fermenter des produits laitiers. Malgré l'ancienneté de ces méthodes, certains de leurs aspects modernes posent des questions d'éthique.

Les applications biotechnologiques ne sont pas nouvelles. Cela fait longtemps que les fermiers étudient la croissance des plantes afin de trouver les plus productives. Ils ont appris à pratiquer la sélection artificielle pour améliorer les espèces végétales ou animales et les diversifier. De nos jours, grâce aux avancées de la science, les agriculteurs peuvent modifier aisément les aliments et augmenter considérablement leurs profits.

Les nouvelles biotechnologies

La plus récente utilisation des biotechnologies en agriculture est liée au génie génétique et permet d'obtenir des variétés de plantes à haut rendement, beaucoup plus résistantes aux maladies.

Ce scientifique greffe deux plantes ensemble en espérant obtenir une nouvelle variété plus résistante aux maladies.

Le génie génétique est un nouvel aspect de la biotechnologie. Comme ce veau, beaucoup d'animaux sont issus de croisements destinés à produire des espèces plus résistantes.

Grâce au génie génétique, on peut modifier non seulement les plantes, mais aussi les animaux et les hommes. Même si ces manipulations améliorent les produits et les rendements, beaucoup se demandent s'il est raisonnable d'interférer avec la nature et quelles sont les limites à ne pas dépasser dans la création de nouvelles espèces vivantes.

À VOUS DE DÉCIDER

Présumant que les biotechnologies ne peuvent pas être mal employées, bien des gens les écartent du débat éthique, mais d'autres pensent que ce n'est pas si simple.

? *Est-il acceptable de modifier génétiquement un organisme uniquement pour le profit ?*

? *Toute vie est-elle sacrée, ou peut-on considérer certains organismes comme de la matière première ?*

? *Comment encadrer les biotechnologies de manière éthique tout en continuant à profiter de leurs avantages ?*

« *Le refus de recourir à des technologies utiles pour nourrir l'humanité … doit être jugé d'un point de vue moral, en lien avec les effets réels, et non imaginaires, sur le bien-être de l'homme.* **»**

Peter H. Haven
Directeur du Missouri Botanical Garden, lors d'un discours au Vatican sur les organismes modifiés

Les organismes génétiquement modifiés (OGM)

Les gènes sont les plus petites unités des organismes vivants et ont pour fonction de transmettre les caractères héréditaires, comme la couleur des yeux ou des cheveux. La génétique étudie la façon dont les caractéristiques passent d'une génération à l'autre.

La nourriture disponible aujourd'hui peut être le résultat d'une manipulation génétique. Ce procédé consiste à isoler deux gènes porteurs des caractéristiques désirées puis à les combiner pour produire un nouveau gène. Une fois introduit dans une cellule, ce dernier va se multiplier pour former un nouvel organisme. Chacune des nouvelles cellules contiendra le patrimoine génétique de la cellule modifiée. C'est en 1973 que les scientifiques ont réussi pour la première fois à modifier un gène, et la nourriture génétiquement modifiée est apparue dès les années 90.

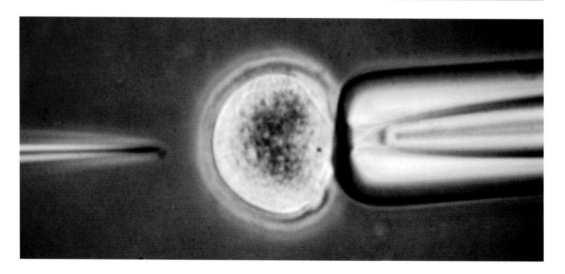

Le génie génétique

Il existe deux types de génie génétique, selon qu'on combine deux gènes appartenant à la même espèce, ou non. Par ces méthodes, les scientifiques créent des cultures à croissance rapide ou plus productive. Ils ont aussi isolé des gènes permettant aux plantes de mieux résister à la sécheresse. Quand une graine génétiquement modifiée est créée, les scientifiques la testent pour s'assurer que le transfert du gène a réussi. Ils vérifient ensuite la croissance des cultures dans des conditions réelles, puis évaluent l'innocuité de ce nouvel aliment.

La modification génétique consiste à introduire les gènes d'un organisme dans le noyau de la cellule d'un autre organisme (tache plus sombre au milieu de la cellule sur la photo). On peut aussi modifier un organisme en supprimant un gène.

Ces scientifiques mènent des expériences sur des fruits pour qu'ils durent plus longtemps une fois récoltés.

Les produits génétiquement modifiés

Les plus communs sont le soja, le maïs, le coton et le colza. Soja et colza servent à fabriquer des huiles et des margarines. Ils sont modifiés pour résister aux herbicides, si bien que les fermiers peuvent pulvériser leurs champs sans craindre pour leurs cultures. Les graines de maïs et de coton contiennent un poison qui tue les organismes nuisibles. On trouve des cultures génétiquement modifiées aux États-Unis, en Argentine, au Canada, en Chine, au Brésil et en Afrique du Sud.

En dépit de leurs avantages évidents, ces cultures ont été controversées dès leur apparition – sous forme de tomates – aux États-Unis. Mais en 1994, la FDA (Food and Drug Administration) a annoncé que les tomates génétiquement modifiées étaient saines et ne requéraient pas un label spécial. Depuis, les OGM se sont largement répandus aux États-Unis. Mais ils n'ont été acceptés que récemment par certains pays européens, à condition d'être clairement identifiés.

❮❮ *Il est presque sûr que certains produits génétiquement modifiés poseront problème. Un léger risque ne signifie pas une absence de risque. La question est fréquente en économie – les avantages valent-ils le prix à payer ?* **❯❯**

Steve Jones
Généticien

23

Pour les aliments génétiquement modifiés

Parce qu'ils changent fondamentalement notre nourriture, les OGM sont très controversés. Leurs fabricants prétendent qu'ils sont la solution pour nourrir une population croissante. Comme les OGM résistent aux insectes, aux maladies et au pourrissement, les fermiers obtiennent un rendement supérieur, tout en éliminant le gaspillage. Ce qui diminue finalement les prix.

Les partisans de ces cultures disent qu'elles permettent une meilleure gestion de la terre que les cultures intensives. Les pulvérisations de produits chimiques sont réduites, grâce aux espèces résistant aux maladies. De plus, leurs semences peuvent pousser en des lieux où les cultures traditionnelles ont échoué, ce qui peut aider à nourrir des gens vivant dans des zones infertiles.

Les risques des aliments génétiquement modifiés

Si les modifications génétiques permettent de produire des aliments nutritifs et bon marché dans des zones peu fertiles, où est le problème ? Même si aucun ennui de santé majeur n'est encore apparu, des groupes comme l'Organic Consumers Association (É.-U.) estiment que les OGM sont trop récents pour qu'on puisse déterminer les risques à long terme pour la santé.

Les groupes environnementaux déclarent que nous ne connaissons pas encore les retombées du génie génétique sur la santé des plantes et des animaux. Des tests ont montré que les racines des plantes génétiquement modifiées relâchent des toxines dans le sol, ce qui peut affecter la fertilité et engendrer de nouvelles espèces d'organismes nuisibles. Comme certains groupes de consommateurs, ils préconisent qu'on traite ce type de culture avec prudence.

Les opposants aux OGM déplorent que les fabricants se concentrent sur les cultures rentables comme le maïs, le coton et le soja, et négligent les variétés de riz et de manioc qui conviendraient aux climats plus secs des pays en développement. Ces gens cultivent du soja génétiquement modifié en Roumanie.

Pour le moment, les consommateurs peuvent choisir de consommer des OGM ou non. Mais les insectes, les oiseaux ou le vent pourraient transporter des graines ou des pollens des champs génétiquement modifiés aux autres. Si cela arrive, les gens n'auront plus aucun moyen de savoir ce qu'ils mangent.

Le pouvoir bio

Une des grandes questions soulevées par le développement des OGM est celle de la motivation des grandes entreprises de biotechnologie. Les semences et les herbicides sont fabriqués par une poignée de compagnies visant le plus grand profit possible, selon les activistes antimondialistes. Dans l'agriculture traditionnelle, le fermier réserve une partie de la récolte pour les semences de l'année suivante. Les entreprises de biotechnologie demandent à leurs fermiers d'acheter de nouvelles semences chaque année, ce qui leur donne beaucoup de pouvoir sur ces derniers. Est-il normal que les grandes entreprises aient autant de pouvoir sur ce que nous mangeons et sur la façon dont cette nourriture est produite?

À VOUS DE DÉCIDER

Les OGM servent généralement à améliorer les cultures, mais l'énorme pouvoir des grandes compagnies conduit les gens à s'interroger sur leur éthique.

 *Le rôle positif des OGM – surtout le fait qu'ils aident à éliminer la faim dans le monde sans défrichage supplémentaire – compense-t-il les incertitudes qu'ils suscitent?*

? *Le profit doit-il être l'élément moteur de la biotechnologie?*

Les groupes de consommateurs et d'activistes craignent que les puissantes entreprises de biotechnologies influencent les décisions d'organismes officiels comme la Food and Drug Administration. Les manifestants photographiés ici s'accrochent à l'ancre d'un bateau transportant des OGM, propriété de la multinationale Monsanto.

L'agriculture biologique a commencé avec de petits producteurs indépendants, puis elle s'est développée pour répondre à la demande croissante. Dans cette grande ferme bio du Royaume-Uni, les tas de compost, au milieu, sont composés de fumier de cheval et serviront d'engrais.

L'agriculture biologique

En réaction à l'agriculture intensive et aux autres méthodes modernes, les mouvements bios se sont développés ces dernières années. Ils rejettent beaucoup des avancées de la biotechnologie, par exemple l'usage des engrais ou des pesticides chimiques. À la place, ils préconisent le recours aux méthodes traditionnelles et naturelles, comme la rotation des cultures ou l'utilisation du fumier et du compost, pour enrichir le sol.

100 % biologique

Législation et normalisation des aliments bios sont apparues dans les années 90. L'agriculture biologique est maintenant parfaitement définie par la loi aux États-Unis et dans une grande partie de l'Europe. La certification « bio » exige des entreprises la satisfaction de certains critères. Par exemple, la terre doit être cultivée un certain temps selon les normes biologiques avant de mériter l'appellation officielle « bio ». Les méthodes varient, mais les agriculteurs bios visent les mêmes buts : la protection des sols, la biodiversité et le pâturage extérieur pour le bétail et la volaille.

L'agriculture biologique occupe de nos jours environ 2 % des terres cultivées.

« *L'agriculture industrialisée et notre système mondial de répartition de la nourriture et des fibres textiles, sont en train de détruire la planète, privant deux milliards d'agriculteurs de sol cultivable tout en fournissant des produits fortement contaminés. C'est pourquoi le courant du futur sera biologique et durable, et non génétiquement modifié.* **»**

Ronnie Cummins
Organic Consumers Association, É.-U.

Ces gens essaient de la nourriture bio dans un marché de producteurs. Beaucoup assurent qu'elle est plus saine et a meilleur goût.

Plusieurs facteurs ont augmenté la demande de produits bios : les conditions de vie dans les fermes usines, ou le spectre de maladies, après l'épidémie d'ESB au Royaume-Uni. L'inquiétude face aux OGM a aussi influencé les gens.

Les coûts

Les arguments pour et contre l'agriculture bio tendent à placer d'un côté les consommateurs et les groupes environnementalistes, et de l'autre les tenants de l'agroalimentaire. Les partisans de l'agriculture bio disent qu'elle crée des emplois dans les zones rurales, puisqu'elle nécessite plus de main-d'œuvre. Ils pensent aussi que la nourriture biologique est meilleure pour la santé.

Les tenants de l'agroalimentaire soulignent que les faibles rendements de l'agriculture bio ne permettraient pas de nourrir une population sans cesse croissante. Ils disent aussi que la main-d'œuvre se paie et que les coûts de production élevés se répercutent sur le consommateur urbain.

Même si ces objections sont valables, les questions d'éthique comme la durabilité et la solidarité envers les petits producteurs ont contribué au succès du mouvement bio. Comme de plus en plus de gens achètent les produits bios, l'offre pourrait bientôt ne plus suffire à la demande.

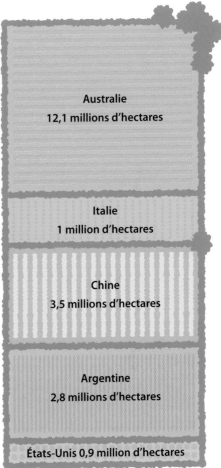

Australie
12,1 millions d'hectares

Italie
1 million d'hectares

Chine
3,5 millions d'hectares

Argentine
2,8 millions d'hectares

États-Unis 0,9 million d'hectares

Ce tableau montre les cinq pays possédant la plus grande superficie de terres cultivées biologiquement. Ils forment les 2/3 des 31 millions d'hectares cultivés ainsi. (Source : The World of Organic Agriculture 2007)

4 Distribution et marketing de la nourriture

Zéro surplus, zéro manque ?

Nombre de fermiers des pays riches reçoivent des subventions pour cultiver certaines variétés en grandes quantités. La surproduction est une garantie contre la pénurie des mauvaises années, et le surplus peut être écoulé à l'extérieur, ce qui est une source d'enrichissement pour le pays.

D'un côté, la surproduction permet de vendre la nourriture à un bon prix aux pays en voie de développement, là où les gens en ont le plus besoin. Mais cela a des répercussions néfastes sur les producteurs locaux, qui doivent baisser leurs prix pour demeurer en lice. De plus, les pays les plus pauvres ne peuvent payer le transport pour approvisionner les zones très reculées.

On peut stocker certains produits en surplus mais pas les fruits frais, les légumes et la viande, qui ne peuvent non plus être acheminés rapidement vers les régions en manque.

Dans les pays riches, on préfère la destruction de milliers de tonnes de produits frais plutôt qu'une baisse de prix engendrée par l'abondance.

《 Presque tous les pays peuvent produire de quoi nourrir leur population. Même le Bangladesh est autosuffisant en matière de nourriture. Le problème est que les gens ne gagnent pas assez d'argent pour acheter les denrées disponibles. 》

The Hunger Project

La production de viande entraîne un usage intensif du sol. Cette terre pourrait servir à cultiver des céréales faciles à stocker ou à acheminer là où le besoin s'en fait sentir.

Une répartition inégale

Un individu a besoin d'une moyenne journalière de 2400 unités énergétiques nutritionnelles. La plupart des habitants des pays riches absorbent davantage. Beaucoup consomment trop de sucres, de graisses, de sel et de produits animaux, ce qui entraîne des maladies, surtout l'obésité.

En même temps, dans les pays en voie de développement, beaucoup mangent moins que ce qu'ils devraient, faute de moyens pour acheter les produits locaux. Le problème de la faim dans le monde n'est pas dû à une carence en nourriture, mais au fait qu'on n'en achemine pas assez vers ceux qui en ont le plus besoin, parce qu'ils ne peuvent la payer.

La faim en question

Dans de nombreux pays en voie de développement qui ne produisent pas assez de nourriture, la population souffre de famine. Ce fléau peut résulter de catastrophes naturelles ou des guerres.

Il y aurait une solution possible pour l'endiguer : une agriculture intensive, avec des cultures génétiquement modifiées pour augmenter leur rendement, et une utilisation optimale des terres arables disponibles. Mais les opposants disent que cela épuisera les sols à long terme et rendra ces régions encore plus dépendantes du monde développé.

De nouvelles espèces de céréales capables de pousser en climat chaud ont été découvertes en Afrique. Elles pourraient être cultivées selon des méthodes d'agriculture biologique, qui n'épuisent pas le sol et créent des emplois. Mais elles nécessitent une plus grande surface.

L'agriculture commerciale

Dans certains pays en voie de développement, les terres arables sont utilisées pour l'arachide, le café, le thé ou le chocolat. On les appelle des cultures commerciales, car elles sont destinées à l'exportation. L'argent récolté sert à l'achat de produits de base comme le riz ou le maïs.

Même si c'est une solution aux problèmes économiques de ces régions, certains estiment que les pays pauvres gagneraient encore plus à utiliser leurs terres arables pour

L'éducation est un bon moyen d'aider les agriculteurs des pays défavorisés. Ici, un travailleur humanitaire parle avec des fermiers de Tanzanie (Afrique).

faire pousser leur propre nourriture.
Les organisations humanitaires et
des groupes comme le SACRED
(Sustainable Agriculture Center for
Research Extension and Development)
en Afrique, pensent qu'il faudrait
développer l'éducation et la
technologie dans ces pays-là. Donner
de l'argent aux fermiers pour s'équiper
en matériel agricole les aide à améliorer
leur sol et à en faire un meilleur usage.
Cela les encourage dans la voie de
l'autosuffisance et du travail durable
(voir p. 32).

L'aide alimentaire

Les pays qui produisent des surplus de
nourriture peuvent aider ceux qui en
manquent, entre autres par le biais des
organisations caritatives comme
l'OXFAM, qui reçoivent des dons.

L'aide alimentaire permet de soutenir les régions
que la famine frappe de façon imprévue. Néanmoins, des
organisations humanitaires comme ActionAid pensent qu'à
long terme, il faut résoudre le problème de la sous-production.
Se préoccuper de la faim dans le monde, c'est trouver un
meilleur moyen de répartir la nourriture.

*L'aide alimentaire peut se faire
sous forme de prêts aux pays dans
le besoin ou d'envois vers les zones
à problème. Sur la photo, des colis
américains seront distribués en
Afghanistan.*

LE COMMERCE ÉQUITABLE

*Les entreprises qui vendent des denrées alimentaires
issues du commerce équitable essaient d'aider les
pays en difficulté à conjurer la sous-production.
Elles font affaire avec des fournisseurs qui traitent
correctement les ouvriers agricoles et les petits
agriculteurs qui travaillent avec elles reçoivent
davantage de bénéfices. En 2005, on a dépensé
plus d'un milliard d'euros pour l'achat de produits
équitables venant du monde entier.*

*2005 : Volume (en tonnes)
des six produits équitables
les plus communs.
(Source : FLO International)*

Café 33 991

Thé 2 615

Riz 1 704

Sucre 3 613

Cacao 5 657

Banane 103 877

Le développement durable

Étendre les méthodes d'agriculture durable aux pays pauvres est le meilleur moyen d'assurer une répartition plus juste des cultures vivrières et de résoudre les problèmes de pénurie alimentaire. Mais le développement durable profitera finalement à toute la planète, car la baisse de la productivité agricole est un problème universel. Les sols sont de plus en plus épuisés par un usage intensif, le recours aux engrais chimiques et un mauvais drainage de l'eau.

Les experts soutiennent que même les pays développés doivent se tourner vers des méthodes d'agriculture durable. La recherche scientifique, une gestion soigneuse du sol et la sauvegarde des ressources devraient être prises en compte par les producteurs. Nous devons rentabiliser l'utilisation de l'eau et des carburants, puisque les ressources diminuent.

Ce scientifique cherche un moyen de réduire l'érosion du sol en le couvrant avec de la paille. De telles expériences sont essentielles pour l'avenir de l'agriculture durable.

Le coût de la durabilité

Le soutien de l'agriculture durable soulève des questions d'éthique. Les habitants des pays riches sont habitués à une nourriture abondante et bon marché, mais selon certains, nous ne pouvons plus prendre des décisions basées sur un bénéfice à court terme.

La population mondiale continue à augmenter et les ressources sont limitées. C'est pourquoi les écologistes suggèrent qu'on évalue les possibilités de régénération des habitats naturels.

MONOCULTURE

Encouragée par l'agriculture intensive, les subventions dans les pays riches et les cultures commerciales dans les pays en développement, la monoculture consiste à faire pousser une espèce à la fois dans un champ donné. Certains experts pensent que ce type de culture n'est pas durable, surtout si la même espèce est cultivée année après année. Pour que le sol reste productif à long terme, il vaut mieux lui permettre de se reposer et varier les cultures.

« *Le but du développement durable est de permettre à chacun de combler ses besoins de base et d'améliorer sa qualité de vie, sans compromettre celle des générations à venir.* »

Gouvernement du Royaume-Uni, 2005

Au Brésil, de grandes surfaces de la forêt tropicale humide sont dégagées pour faire de la place au bétail, qui va pâturer à l'excès et provoquer une érosion du sol, conduisant à la désertification.

Les tenants du développement durable, comme le groupe international Alliance for Sustainability, ne s'opposent pas à une croissance économique mondiale, mais cherchent plutôt à la maintenir en évitant les bénéfices à court terme. Ils veulent soulager la pauvreté, harmoniser les niveaux de vie, résoudre les problèmes de surproduction et de sous-production, et combler les besoins de base de chacun. Mais ces visées sont peu compatibles avec les méthodes des grandes entreprises.

La grande question est de savoir si les gouvernements sont prêts à soutenir le développement durable. Il y a des signes encourageants – certains pays d'Europe subventionnent les fermiers qui laissent des champs se reposer pour assurer la sauvegarde de la nature à long terme.

En fin de compte, les questions éthiques dans le domaine alimentaire englobent les problèmes environnementaux, les exigences des consommateurs des pays développés, la croissance économique mondiale, et le respect des droits de l'homme pour les agriculteurs des pays pauvres. Le développement durable semble actuellement la meilleure façon de résoudre ces problèmes.

Usant de leur grand pouvoir sur les producteurs, les supermarchés réclament maintenant une taille normalisée pour les fruits et légumes.

Alimentation et commerce

La science et les technologies ont changé les modes de distribution alimentaire. De nos jours, la réfrigération permet le transport des denrées sur de longues distances. Dans les pays développés, les grandes surfaces assument le transport, l'emballage, l'entreposage et la vente au détail des marchandises. Elles offrent un vaste choix de produits bon marché, disponibles toute l'année.

Le rôle joué par les grandes surfaces dans la production et la vente au détail de nourriture a soulevé de nombreux problèmes d'éthique. Le pouvoir d'achat des grandes entreprises leur permet d'exercer une pression sur les producteurs, accroissant ainsi les problèmes des pays en voie de développement en maintenant artificiellement des prix bas. Les chaînes de supermarchés, grâce aux énormes quantités écoulées, sont néanmoins bénéficiaires.

L'ACHEMINEMENT

La distance parcourue par la nourriture jusqu'aux rayons des supermarchés se définit en kilomètres-nourriture et a des répercussions sur la densité de la circulation, la pollution et l'utilisation de carburants fossiles. En Amérique du Nord, les produits comptent une moyenne de 1500 kilomètres-nourriture avant d'apparaître sur les étagères.

Produits locaux et internationaux

Le pouvoir d'achat et les réseaux mondiaux de distribution permettent aux grandes surfaces, aidées en cela par les accords de libre-échange entre les pays, de se procurer des produits venant du monde entier. Selon elles, leurs clients veulent des prix bas. Si les grandes exploitations de l'agroalimentaire sont à même de satisfaire cette demande, les petits agriculteurs ont besoin de prix corrects pour rester en lice. Cela est particulièrement vrai pour les pays en voie de développement et a conduit au développement du commerce équitable (voir p. 31).

Dans les pays en développement, c'est au marché local qu'on achète les produits frais. Les marchés de producteurs, où la nourriture est vendue directement du fermier au consommateur, connaissent un grand succès dans les pays développés : les gens pensent que cette méthode de vente nuit moins à l'environnement que la filière des supermarchés. Les produits locaux comptent moins de kilomètres-nourriture et nécessitent moins d'emballage.

La vente au détail

Les prix de gros étant très bas, les agriculteurs qui vendent directement au client sans passer par un détaillant font un meilleur profit. Le fait de s'approvisionner dans les marchés de producteurs aide les petites entreprises à rester sur le marché.

Les tenants de l'agroalimentaire prétendent que cet engouement pour l'achat de produits locaux nuit à l'économie des pays en voie de développement, qui repose sur l'exportation de denrées. Mais les opposants répondent qu'acheter les produits locaux n'équivaut pas à rejeter les denrées étrangères : cela favorise simplement les produits saisonniers, là où ils sont disponibles.

Notons que depuis que les consommateurs font des choix éthiques en ce qui concerne la distribution alimentaire et l'environnement, les supermarchés offrent plus de produits locaux.

Les gens se soucient de plus en plus de la provenance de la nourriture, surtout de la viande. Dans les marchés de producteurs, ils peuvent examiner les produits et poser des questions.

5 Alimentation et santé

La façon dont la nourriture est produite, distribuée et vendue pose de nombreux problèmes éthiques, dépassant le bien-être des animaux, la dégradation de l'environnement et les déséquilibres entre offre et demande dans différentes parties du monde. Une fois que le produit atteint le consommateur, le problème devient plus personnel, puisqu'il affecte sa santé et son mode de vie. Nous devons tous prendre des décisions à propos de notre alimentation.

Beaucoup d'habitants des pays développés mangent trop. Certains suggèrent de retourner à un régime moins riche en viande, comme il y a trente ans. De plus, cela aiderait à une meilleure répartition de la nourriture dans le monde.

L'épidémie d'obésité

Dans les pays développés, où la nourriture abonde, bien des gens mangent plus que nécessaire. Comme ils ne dépensent pas toute l'énergie qu'ils absorbent, ils accumulent un surplus de graisse et deviennent obèses. Ce sont des sujets à risques pour certaines maladies. Selon l'Organisation mondiale de la santé (OMS), la santé publique représente un des défis majeurs du XXIe siècle.

Les causes de l'obésité

On a identifié diverses causes possibles de l'obésité, y compris l'hérédité. Néanmoins, beaucoup d'experts conviennent que les facteurs déterminants sont le manque d'exercice et l'ingestion de sucres et de graisse en grande quantité.

Ces dernières décennies, le taux d'obésité s'est accru dans plusieurs pays, notamment à cause de l'abondance de nourriture et de la baisse du coût de certains produits comme le sucre.

L'abondance de la nourriture bon marché encourage les gens à consommer plus. En outre, à cause du rythme de vie actuel, beaucoup mangent mal, prenant des repas rapides, pré-emballés. Peu coûteux, ces repas sont composés d'ingrédients qui conservent la fraîcheur et d'agents de texture et de sapidité. C'est le génie alimentaire qui rend cela possible, en utilisant des additifs et des techniques de transformation qui changent la forme naturelle du produit. Généralement, ces méthodes de production diminuent la valeur nutritionnelle des aliments.

Trouver un brûleur de graisses

Les compagnies pharmaceutiques consacrent beaucoup d'argent à la recherche d'un traitement contre l'obésité. Les médicaments disponibles peuvent toutefois avoir des effets secondaires – comme une tension élevée – et les interventions chirurgicales présentent des risques. De plus, pour maintenir leur poids, les patients doivent modifier à vie leur régime alimentaire. Certains pensent que les médicaments et la chirurgie sont des solutions rapides pour un problème bien plus sérieux. Pour le moment, les frais de santé (y compris pour l'obésité), sont partagés par tous. Mais si un patient s'inflige lui-même une maladie, ne devrait-il pas payer ses soins ? Cette façon de faire conduirait sans doute les gens à adopter un régime plus sain.

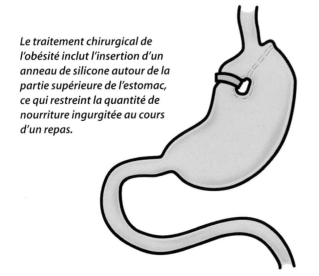

Le traitement chirurgical de l'obésité inclut l'insertion d'un anneau de silicone autour de la partie supérieure de l'estomac, ce qui restreint la quantité de nourriture ingurgitée au cours d'un repas.

LA GRAISSE EN QUESTION

■ *Le taux d'obésité est souvent mesuré grâce à l'indice de masse corporelle, qui met en relation le poids et la taille de l'individu. On peut l'évaluer aussi avec le tour de taille.*

■ *L'obésité peut entraîner d'autres problèmes de santé :*

L'arthrite

Les maladies du cœur

Le diabète

■ *Les États-Unis connaissent le plus fort taux d'obésité des pays développés. Entre 1980 et 2002, ce taux a doublé chez les adultes et triplé chez les enfants et les adolescents.*

À VOUS DE DÉCIDER

Hyperphagie et obésité se répandent dans les pays développés.

? *Devrait-on interdire la publicité pour la restauration rapide ?*

? *Peut-on absorber des aliments nocifs, si c'est avec modération ?*

? *Devrait-on imposer aux gens leur nourriture ?*

Une meilleure qualité ?

L'ajout d'additifs comme les colorants, les aromatisants, les édulcorants artificiels et les conservateurs dans l'alimentation a soulevé des problèmes d'éthique et de santé. Des groupes de pression qui s'occupent de l'hyperactivité et du TDA chez l'enfant dénoncent certains ingrédients dans la confiserie et les boissons gazeuses qui favoriseraient ce type de conduite. Il semble évident que les additifs alimentaires nuisent à la santé, et d'un point de vue éthique, ils sont inutiles, puisqu'ils ne servent qu'à améliorer l'aspect, le goût ou la durée de vie du produit.

Les entreprises productrices prétendent qu'elles ne font que répondre à la demande des consommateurs. Selon elles, les gens n'achèteraient pas les produits s'ils avaient leur aspect naturel ou se gâtaient trop vite. Dans ce cas, le contrôle des additifs alimentaires devrait-il être plus strict ou bien les gens devraient-ils avoir le choix, une fois informés ?

Les scientifiques augmentent la valeur nutritionnelle de certains aliments en y ajoutant des sels minéraux, des vitamines et des protéines. Il serait meilleur pour la santé d'éliminer ces additifs.

En 2007, plusieurs fermes aquicoles – comme ici, en Chine – ont été inspectées par la FDA, qui a découvert des substances non règlementaires dans les espèces élevées.

Lois et règlements

Dresser la liste des ingrédients contenus dans un produit donné constitue une première étape pour fournir aux gens l'information nécessaire à la prise en charge de leur alimentation. Depuis quelques années, l'étiquetage sur l'emballage donne le nom du produit, ses composants, sa date de péremption et les consignes d'entreposage. Plus récemment, la Food Standards Agency au Royaume-Uni ou la FDA aux États-Unis ont renforcé la réglementation imposée, demandant aux fabricants de respecter les directives officielles et contrôlant la qualité des aliments.

L'information nutritionnelle

Les préoccupations concernant la santé ont fait ressortir l'importance de l'étiquetage. De nos jours, les informations nutritionnelles sont soigneusement réglementées. Les fabricants qui annoncent un produit à faible teneur en matières grasses ou enrichi en vitamines doivent respecter des normes précises. Des feux de signalisation – vert et rouge – figurent désormais sur certains produits, pour indiquer à quel point ils sont néfastes ou bénéfiques pour la santé. Quelle que soit leur position sur les questions d'éthique, les grandes entreprises agroalimentaires sont obligées de suivre les réglementations édictées par les organismes officiels. Néanmoins, dans la pratique, même si l'aspect éthique est pris en compte, il guide rarement les décisions.

Les engagements personnels

Nos choix alimentaires ne dépendent pas seulement du contenu de la nourriture. Ils sont parfois dictés par des croyances individuelles, religieuses ou autres. Par exemple, les gens peuvent devenir végétariens pour des raisons de santé, refuser de consommer du porc parce que ce dernier est interdit par leur religion ou acheter des produits bios par souci pour l'environnement.

Végétariens et végétaliens

Le végétarisme consiste à éliminer la viande de l'alimentation. Dans le végétalisme, c'est la consommation des sous-produits animaux (lait, œufs) qui est bannie. Beaucoup de végétariens et de végétaliens ne porteront pas des vêtements ou des chaussures de cuir, de fourrure ou de soie. Le végétarisme est apparu en Europe au VIe siècle av. J.-C. pour des raisons religieuses et compte aujourd'hui des adeptes partout dans le monde, notamment en Inde. Certains sont végétariens parce qu'ils jugent ce régime alimentaire plus équilibré. D'autres le sont parce qu'ils pensent que c'est mal d'abattre des animaux ou parce qu'ils se sentent concernés par la faim dans le monde.

La majorité des végétariens est en bonne santé. Même si certaines études rapportent des carences en fer et en calcium, les vitamines importantes et les sels minéraux sont présents dans les légumes-feuilles verts, les céréales, les noix, les jus supplémentés et le lait de soja.

Le champion olympique Carl Lewis est végétarien. Le régime végétarien respecte le guide alimentaire américain et répond aux quantités quotidiennes recommandées pour les nutriments.

DIRECTIVES RELIGIEUSES

Les croyances religieuses influencent les choix alimentaires. L'Islam n'autorise la viande que si l'animal a été abattu selon les normes islamiques. La religion juive émet aussi des restrictions sur la chair, et interdit la consommation conjointe de viande et de produits laitiers.

La nourriture juive doit être casher – préparée selon les préceptes juifs. Par exemple, les animaux ne doivent pas subir de trop grandes souffrances durant l'abattage.

Préoccupations écologiques

De nombreux consommateurs de viande, gênés par les conditions d'élevage du bétail ou de la volaille, préfèrent les produits bios ou provenant d'animaux élevés en liberté. Les produits bios ne contiennent pas d'additifs, de pesticides, d'hormones ou d'autres substances controversées.

Les choix du futur

Pendant le dernier siècle, les progrès scientifiques qui ont permis de produire plus de nourriture reposent sur la disponibilité des carburants fossiles et des terres arables. Une production accrue doit tenir compte de la durabilité. Au moment d'opérer nos choix alimentaires, nous devons nous assurer que les sources d'énergie et les terres fertiles seront encore disponibles dans l'avenir.

Les oméga-3 constituent un supplément alimentaire nécessaire pour les végétariens. On les trouve dans les poissons gras et les légumes-feuilles verts.

À VOUS DE DÉCIDER

Plusieurs organisations encouragent le développement du végétarisme comme un moyen de contrer l'élevage intensif.

? *À quel moment l'encouragement se transforme-t-il en pression ?*

? *Devrait-on informer davantage les gens sur la provenance de la nourriture, en leur faisant visiter un élevage en batterie, par exemple ?*

? *Chacun devrait-il être libre de consommer ce qu'il veut, sans se sentir coupable ?*

Les grandes étapes

1850
Naissance de The American Vegetarian Society.

1929
Création d'Unilever, la première grande entreprise internationale d'alimentation.

1930
Apparition sur le marché des premiers aliments congelés.

1942
Publication, aux États-Unis, de Organic *Farming and Gardening*.

1945
Création de l'Organisation des Nations unies pour l'alimentation et l'agriculture, pour lutter contre la faim dans le monde.

1948
Création de l'Organisation mondiale de la Santé.

1955
Aux États-Unis, installation du premier point de vente de hamburgers McDonald's.

1979
Les Nations unies décrètent le 16 octobre World Food Day pour favoriser la prise de conscience mondiale autour des problèmes liés à l'alimentation.

1985
Le concert Live Aid est organisé pour récolter des fonds afin de soulager la famine en Éthiopie. Le concert Farm Aid sert à financer les petites fermes familiales américaines.

1986
Naissance du mouvement Slow Food en Italie, promouvant la vente de produits locaux bios. Le International Whaling Committee interdit l'exploitation commerciale de la baleine.

1991
Création du Nutrition Task Force au Royaume-Uni, visant une meilleure information sur la santé et les problèmes nutritionnels à travers le pays.

1993
Naissance du PETA (Pour un traitement éthique des animaux) européen, qui est devenu la plus grande organisation internationale de défense des droits des animaux.

1994
La tomate Flavr Savr, génétiquement modifiée, est approuvée par la FDA et mise sur le marché aux États-Unis.

2001
Une épizootie de fièvre aphteuse au Royaume-Uni entraîne l'abattage de 4 millions d'animaux.

2004
L'Union européenne lève son embargo sur les cultures génétiquement modifiées mais demande qu'elles soient clairement labellisées.

2007
Aux États-Unis, le Department of Agriculture projette la culture de riz contenant des gènes humains, pour le traitement de maladies comme la diarrhée dans les pays en développement.

Pour en savoir plus

● Livres

Se nourrir pour la vie de Johan Baines, Hurtubise HMH, 2007.

Notre nourriture. Aliments, culture et santé de Laura Buller, Gallimard, 2006.

Petites histoires des nourritures de Sylvie Baussier, illustré par Michelle Daufresne, Syros, 2005.

Les aliments génétiquement modifiés de Nigek Hawkes et Dominique Françoise, Piccolia, 2005.

L'alimentation de Nadia Benlakhel, illustré par Thérèse Bonté, Milan, 2005.

L'alimentation dans l'histoire. De la préhistoire à nos jours de Philippe Godard et Claude Merle, Autrement junior, 2003.

L'alimentation notre avenir, pour comprendre et préserver notre planète de Martyn Bramwell, Hurtubise HMH, 2001.

La Terre notre avenir, pour comprendre et préserver notre planète de David Burnie, Hurtubise HMH, 2001

● Sites Internet

http://membres.lycos.fr/volaille/: L'élevage en batterie est couramment utilisé, notamment dans le cadre d'un élevage intensif. Les animaux sont logés dans des bâtiments fermés dès leur plus jeune âge. Chacun d'eux étant placé dans une cage individuelle dont le volume a été étudié pour optimiser au mieux l'espace utilisé.

http://www.atquebec.org/org.htm: La Mission générale des Ami-e-s de la Terre de Québec est d'œuvrer à l'établissement d'une société écologiste fondée sur le respect des autorégulations naturelles, la diversité biologique et l'équité.

http://www.greenpeace.org/canada/fr/: Greenpeace Canada est une organisation indépendante qui, par une approche de confrontation inventive et non violente, œuvre à exposer les problèmes environnementaux planétaires, tout en favorisant l'avancement des solutions essentielles pour assurer aux générations futures un monde écologique et pacifique.

http://www.equiterre.org/agriculture/index.php: Équiterre souhaite que l'agriculture écologique, principalement l'agriculture biologique, occupe une place plus importante au cœur des campagnes québécoises, que cette façon de produire nos aliments soit reconnue comme vitale pour la sécurité alimentaire, la santé des milieux ruraux, notre propre santé et celle de nos enfants.

http://www.menv.gouv.qc.ca/jeunesse/index.htm: Le coin de Rafale invite les jeunes internautes à le suivre dans ses multiples aventures. Il vous guidera à travers tous les dangers et toutes les beautés du monde de l'environnement.

Glossaire

accord de libre-échange système d'achat et de vente de denrées et services sans contrôle gouvernemental.

additifs produits chimiques ajoutés à la nourriture dans un but particulier : par exemple, amélioration ou préservation de la saveur.

agriculture intensive méthode consistant à produire le maximum de cultures ou de têtes de bétail sur de grandes surfaces.

agriculture vivrière agriculture produisant juste de quoi nourrir le fermier et sa famille.

agroalimentaire entreprise agricole à grande échelle.

aliment de base aliment composant l'essentiel d'un régime alimentaire, comme la pomme de terre, le riz ou le blé.

antibiotiques produits chimiques servant à prévenir des maladies.

bactérie organisme microscopique pouvant causer des maladies.

biodiversité différentes espèces de plantes et d'animaux vivant dans un milieu donné.

carburants fossiles ressources énergétiques datant de plusieurs milliers d'années et composées de restes d'animaux et de plantes (charbon, pétrole, gaz naturel).

casher conforme à la religion juive.

certification garantie que les normes sont respectées. Par exemple, les produits doivent répondre à certains critères et être certifiés avant de recevoir le label bio.

commerce équitable commerce dans lequel les organismes acquéreurs paient honnêtement les producteurs, leur assurant des conditions de travail décentes, des soins de santé et la satisfaction d'autres besoins de base, ainsi qu'un bénéfice à réinvestir pour construire un avenir durable.

cultures commerciales cultures destinées à la vente directe ou à l'exportation.

engrais produits chimiques ou naturels répandus sur le sol pour favoriser la croissance des plantes.

entreprise de biotechnologie entreprise fabriquant des semences et des traitements pour la production d'aliments génétiquement modifiés.

érosion usure du sol, des rochers et d'autres substances sous l'action de l'eau et du vent.

hormones de croissance produits chimiques destinés à améliorer la croissance du bétail.

modification génétique procédé qui consiste à combiner les gènes d'espèces différentes pour obtenir une nouvelle espèce meilleure ou résistant aux maladies.

mondialisation accroissement rapide des échanges économiques, sociaux et technologiques au niveau international.

mouvement Slow Food groupe de personnes consommant la nourriture bio produite localement, s'opposant à l'agriculture intensive, à la restauration rapide et aux OGM.

nomade personne se déplaçant en quête de nourriture ou de pâturages pour le bétail.

organisation de l'agriculture en petites exploitations agriculture à petite échelle, comportant la culture d'espèces différentes en quantités modestes et l'élevage du bétail.

pays développés pays les plus riches du monde, où l'industrie occupe une large place, générant emploi et richesse.

pays en voie de développement pays les plus pauvres, vivant davantage de l'agriculture que de l'industrie.

pêche industrielle méthode de pêche dans laquelle d'énormes quantités de poissons sont pêchés, vidés et réfrigérés à bord de vastes bateaux-usines.

pesticides produits chimiques pulvérisés sur les cultures pour détruire les organismes nuisibles.

rendement quantité récoltée d'une culture sur une surface donnée.

ressource substance utile à l'homme (minéral, eau, gaz naturel, pétrole).

révolution verte dans les années 40, tournant amorcé par l'agriculture qui se met à utiliser les produits chimiques et les nouvelles technologies.

rotation des cultures méthode consistant à cultiver une espèce différente chaque année sur un même champ, en suivant un cycle.

sélection artificielle méthode qui consiste à croiser les animaux ou les plantes pour obtenir une espèce avec des caractéristiques déterminées.

subvention don d'argent provenant du gouvernement pour aider les agriculteurs.

surpêche pêche intensive dépassant les capacités de reproduction et de renouvellement des stocks de la mer.

surplus excédent produit.

toxines substances nocives.

vente en gros vente d'un produit en grande quantité à un détaillant, qui le revendra au détail aux consommateurs, à un prix plus élevé.

vitamines substances naturelles essentielles à la santé, contenues notamment dans les aliments.

Index